Giacomo Meyerbeer

Arien und Gesange aus: Die Afrikanerin

Oper in fünf Akten

Giacomo Meyerbeer

Arien und Gesange aus: Die Afrikanerin
Oper in fünf Akten

ISBN/EAN: 9783743699786

Hergestellt in Europa, USA, Kanada, Australien, Japan

Cover: Foto ©Thomas Meinert / pixelio.de

Weitere Bücher finden Sie auf **www.hansebooks.com**

(Den Bühnen gegenüber als Manuscript gedruckt.)

Arien und Gesänge

aus:

Die Afrikanerin.

Oper in fünf Akten

von

E. Scribe.

Deutsch von Ferdinand Gumbert.

Musik von G. Meyerbeer.

Ausschließliches Eigenthum von Ed. Bote und G. Bock

Hofmusikhandlung SS. MM. des Königs u. der Königin u. Sr. Königl. Hoheit
des Prinzen Albrecht von Preußen.

Berlin, 1871.

Personen.

Don Pedro, Vorsitzender im Rathe des Königs von Portugal.
Don Diego, Admiral.
Ines, dessen Tochter.
Basco de Gama, Marine-Offizier.
Don Alvar, Mitglied des Rathes.
Der Groß-Inquisitor von Lissabon.
Nelusko, } Sklaven.
Selika,
Der Oberpriester des Brahma.
Anna, Ines' Dienerin.
Marine-Offiziere. Bischöfe. Räthe. Priester des Brahma. Indier und Indianerinnen. Offiziere, Soldaten, Matrosen.

Erster Act.

Der Rathssaal der Admiralität in Lissabon.

Nr. 1.

Ines.
Was hör' ich, Anna? In dem Saale des Rathes
Soll ich erscheinen, so befiehlt es mein Vater!

Anna.
Wie er sagt, habe er Euch Wicht'ges zu verkünden.

Ines.
Was mag es sein? Mein Herz, es fürchtet und es hofft!
Kam Botschaft von der Flotte, von meinem theuren Freund?

Anna.
So hofft Ihr noch auf ihn, der schon zwei Jahre fern?

Ines.
Ich hoffe noch!
Wenn mir die Hoffnung schwand, nicht leben möcht' ich mehr,
Ohne ihn giebt es kein Dasein für mich.
Aus Liebe nur zu mir schloß Vasco sich dem Zuge
Des großen Diaz an; theilte Arbeit und Müh',
Trotzt' den Wellen und dem Sturm,
Segelt' mit ihm in ein neues Land.

Für ihn soll meine Hand der Preis des Ruhmes werden
Wacht Liebe über ihm, wird Vasco Sieger sein.
  Er kehrt zurück,
Ich fühl' es klar in meinem Herzen,
Und tröstend klingt, als hätt' ich's heut vernommen,
Sein hold melodisch Lied durch meine Seele,
Das er vor meinem Fenster sang die Nacht, bevor er schied,
  Sein Abschiedslied:

Romanze.

 Leb' wohl, freundlich Gestade,
 Wo ich die Theure fand,
 Du Stern auf meinem Pfade,
 Leb' wohl, mein Heimathland.
 Ihr Lüftchen weht so linde,
 Als sei's der Trennung Kuß,
 Zur Liebsten geht geschwinde,
 Bringt ihr den Scheidegruß.
  Der Jugend Gefühle,
  Im Herzen so reich,
  Träume hoher Ziele,
  Ich sterbe mit euch!

Nr. 2.
Ines.

Mein Vater, Ihr befahlt —
Don Diego.
Erfahren sollst Du nun, bevor der Rath die Sitzung hier
         beginnt,

Daß des Königs Majestät in allerhöchster Gnade
Hat erwählt für Dich einen glorreichen Gatten,
Don Pedro ist's.

Ines.

Wie, er? Nein, nimmermehr, mein Vater!

Don Diego.

Der König will's, so wie auch ich. Du mußt gehorchen!
Hast wirklich Du geliebt, vergiß den jungen Mann,
Der ohne Rang und Ruhm —

Ines.

Doch dessen Zukunft groß!
Sein hoher, edler Geist —

Don Diego.

Führte ihn in's Verderben!
Ist es wahr, das Gerücht, das ich hörte heut' früh?
Traurige Kunde bringt's: des Diaz Untergang.

Don Pedro.

Gescheitert ist der Plan, es erfaßte sie der Sturm,
Warf die Schiffe zerstört auf eine einsame Insel.
Ja, entsetzlich ist die Nachricht und gewiß.

Ines.

Und er selbst ist nicht mehr?

Don Pedro.

Man befürchtet das Schlimmste.

Ines.

Sein Offizier, Vasco de Gama, ist er am Leben?

Don Pedro.

Vasco de Gama? Ach, wer fragt wohl nach Leuten,
Die ganz unbekannt?! Und doch —

Unter den Todten — sehet nur — da ist er!

Ines.
Er ist todt!

Terzettino.
Don Diego.
Denk' an die Pflicht, an meine Ziele,
Du weckest seinen Argwohn sogleich.
Verbirg den Schmerz und die Gefühle,
Was Dich bewegt — sei klug und schweig!

Don Pedro.
Woher der Schmerz, diese Gefühle?
Den Argwohn weckt's in mir sogleich;
Durch Klugheit nur komm' ich zum Ziele,
Drum siehe scharf, mein Herz, und schweig!

Ines.
Und hast Du Dein Leben
So früh schon gegeben,
Stets soll mich umschweben
Erinn'rung so reich.
O Jugendgefühle,
Ihr Träume hoher Ziele,
Ja, ich sterb' mit euch.

Don Pedro.
Diese Nachricht, die ich brachte,
Wie kann sie also nur verwirren ihren Sinn?
So wär' es stille Lieb', die sie gehegt?

Don Diego.
                Was thut's?
Der Nebenbuhler todt, und man fürchtet nichts mehr.

Ein Diener.
Der hohe Rath tritt ein; gleich beginnt die Sitzung.

Nr. 3. Finale.
Der Groß-Inquisitor und die Bischöfe.

Gott aller Lebenden, senke
Ruh' in die Seelen und Licht,
Herr, uns zum Frieden nur lenke,
Stärk' uns im ernsten Gericht.
Send' aus dem Schooß Deiner Gnade,
Herr, auf uns Milde herab,
Fromm laß uns gehn Deine Pfade,
Gott, sei uns Führer und Stab.

Don Pedro.
Seitdem Columbus einst dem Spanier, dem Rival
Entdecket eine Welt und Schätze ohne Zahl,
Will kühnen Sinnes auch uns neues Land erwerben
Der edle Emanuel, unser König und Herr,
Das ew'gen Ruhm ihm bringet.

Der Groß-Inquisitor.
    Oder führt in's Verderben!

Don Pedro.
Schon sieht der Portugiese, wagend kühn zu Schiff,
Einen neuen Seeweg unser'm Reiche offen;
Wo Gefahr uns erwächst, da erblüht auch das Hoffen.

Der Groß-Inquisitor.
Ja, ein trüg'risches Hoffen! Man glaubte zu umgehen
Die Klippen des Cap, doch hat man sich getäuscht.

Das Gerücht sagt daß Diaz, bis dorthin vorgedrungen
Es sah, wie sein Geschwader vom Meer ward verschlungen.

Don Pedro.

Wie der König es will, werb' Hülfe ihm gebracht;
Berathen sollen wir. Ihr Herrn, was meinet ihr?

Der Groß-Inquisitor.

Daß uns der Herr erleuchte!
Send' aus dem Schooß Deiner Gnade,
Herr, auf uns Wahrheit herab,
Fromm laß uns gehn Deine Pfade,
Gott, sei uns Führer und Stab.

Don Pedro.

Don Alvar, saget uns Eure Meinung!

Don Alvar.

Beten wir für Diaz, Gott bestimmte sein Ziel.

Don Pedro und die anderen Räthe.

Wer sagt das?

Don Alvar.

Ein Offizier, der mit Diaz gezogen
Und entkam fast allein jenem tückischen Reich,
Der um sein Leben gekämpft mit dem Sturm und den Wogen,
Er bittet um die Gunst, zu erscheinen vor Euch.

Don Pedro.

Er komme!
Sein Name?

Don Alvar.

Vasco de Gama!

Don Pedro. Don Diego.

Er! O Gott!

Vasco.

Ich sah', Ihr edlen Herrn, vom Abgrund verschlungen
Unsern Chef, unser Heer, voller Muth, unbezwungen,
Noch vor Wuth bebten sie, als sie sanken in's Grab;
Es fiel ihr letzter Blick auf das furchtbare Cap,
Diesen Riesen im Meer, beschützt von Wind und Welle,
Zum Himmel reicht sein Haupt und sein Fuß bis zur Hölle!
Ich erklomm diesen Felsen, uns Allen unbekannt,
Das Land, auf dem noch nie ein Europäer stand.
Die gefährlichen Ufer, so wild diese Wüsten,
Die Klippen im Meer und diese neuen Küsten —

Don Alvar.

Ihr habt sie, armer Freund, gewiß so oft verflucht!

Vasco.

Nein, um jeden Preis hab' ich sie gesucht!
Erobert werden sie, so will's Gott, der mich schützte!
Nun prüfet diese Schrift, und wirkt dahin, Ihr Herrn,
Daß in Gnaden der König ein Schiff mir gewähre,
Und der Sieg über Klippen, er ist uns nicht fern;
Ihr beherrscht dann allein den Handel, die Meere,
Und Euch gehört die neue Welt,
Reichthum und Macht nur Euch auf ew'ge Zeit!

Groß-Inquisitor.

Und was behaltet Ihr?

Vasco.

Ich? Die Unsterblichkeit!

Ensemble.

Vasco.

Und wag' ich auch mein Blut, mein Leben!
Wenn Ich bei Euch Gewährung fand,
Ich will es dann mit Freuden geben
Für meinen König, für's Vaterland.

Groß-Inquisitor.

Nur Wahnsinn ist sein kühnes Streben,
Und Mitleid war, was ich empfand;
Was er verlangt, wollt' man es geben,
Dem Spott verfiel das Vaterland.

Don Alvar und die jungen Räthe.

Sein hoher Geist, sein kühnes Streben
In meiner Brust ein Echo fand,
Was er verlangt, möcht' man es geben,
Es ehrte sich das Vaterland.

Vasco.

Eh' Ihr beschließt, sei nur ein Wort mir noch vergönnt:
Auf daß der König mir ein Schiff vertraue,
Er darf es wagen wohl, denn mich täuschet kein Wahn.
Zwei Sklaven, der Art, wie ich nie sie gesehen
Und die in Afrika auf einem Sklavenmarkt ich erworben,
Sie sind hier.

Groß-Inquisitor.

Zu was denn nützen sie?

Vasco.

Beweisen werden sie die Existenz von Völkern,
Bis heute unbekannt, die nicht aus Asien stammen,

Noch aus der neuen Welt, die Spanien sich errang.
Sehet sie!

>Don Diego.
>Führt sie herein!

>Don Pedro.
>Ich stimme bei!

>Don Pedro.

Ihr Sklaven, nahet euch!

>Don Diego.
>Von wannen stammet ihr?

>Don Pedro.

Wer hat euch bis hieher gebracht?

>Don Diego.

Du antwortest nicht?

>Nelusko.
>Nein! nein!

>Don Pedro.
>Weib! So antworte Du!

>Selika.

Gefangen wurden wir im Meer diesseits des Cap
Wohin das kleine Boot durch den Sturm ward verschlagen,
Als gute Beute nahm ein Sklavenschiff uns auf.

>Basco.

Nun überzeugt Euch selbst! Die Züge,
>dieses Antlitz,

Und diese Farbe, so bräunlich gelb —
Verrathen ein unbekanntes Volk.

Don Alvar.
Ja, ja! So ist's!

Don Diego.
So nennet Eure Heimath!

Vasco.
O thu's um mich!
Sprich, o Selika! Erhöre Du mein Flehen!

Selika.
So sanft ist seine Stimme,
Ich kann nicht widerstehen!
Ihr wollet es? Wohlan —

Nelusko.
Schweig', Königin!
Du hast geschworen, bleibe stark!
Hält ein Tyrann als Sklavin Dich in Schmach und Schande
Bist Du nicht Königin doch, trotz der Ketten und Bande?
Sprich!? Denk an Brahma, den Du verehrest,
An der Götter Strafgericht,
Dein treues Volk, o Selika, verrathe nicht!

Don Pedro.
Nun, Deine Heimath? Hörst Du, Weib — ich will sie wissen
Bedenk', ich kann zum Sprechen Dich wohl zwingen.

Selika.
Die Heimath? wo sie liegt?
Sagt Ihr es selber mir . . .
Ein Sklave kennt sie nicht.

Nelusko.

Wenn Ihr Euch heute kauft
zur Arbeit einen Stier, da werdet Ihr nur fragen,
Ob stark er sei zum Ziehen und zum Tragen,
Doch nicht, ob wohl bekannt
Des Stieres Vaterland.
Was kümmert's also Euch, woher ein Mensch gekommen,
Den einzig Ihr als Lastthier habt genommen?

Don Pedro.

Welch' störrisch' Wesen!

Vasco.

'S ist vergebliche Müh',
Auch mir ist stumm ihr Mund. Doch darauf deutet Alles,
Daß von weiter noch, als Afrika sie kommen,
Aus Zonen wohl, die Schiffe von Portugal noch nie gesehen
Und diese Länder, die unbekannt, will ich erspäh'n,
Will sie erobern Euch, gebt mir die Mittel nur!

Don Pedro.

Nun wohl! Zieht Euch zurück, damit wir berathen.

Don Alvar.

Man muß all' seine Pläne mit Kraft unterstützen!

Don Diego.

Nimmer wollen wir Wahnsinn befördern und schützen.

Don Alvar.

Er ist tapfrer Soldat!

Don Diego.
Sehr geschickt, schlau und fein!

Don Alvar.
Dem der Ruhm über Alles!

Don Diego.
Der befördert will sein!

Groß-Inquisitor
O ihr Brüder!
Mögt mit Ruhe ihr überlegen,
Daß mit euch sei Gottes Segen!

Don Alvar.
Die Zeichnungen, die Karten, jene Schrift,
Die er gelegt in Eure Hand, laßt sie uns sehn!

Don Pedro.
Nun wohl! Was seh' ich? O Gott, welch' ein Lichtstrahl
Wird mir in diesem Dunkel und zeiget uns das Ziel.

Don Diego.
Wie? Wir sollen vertrau'n unsre Schiffe und Schätze
Dem Ehrgeiz'gen, den wir durch Thaten nicht kennen?

Ein Theil der Räthe.
Nur Wahnsinn kann man's nennen!

Ein anderer Theil der Räthe.
Einst wird groß man ihn nennen!

Groß-Inquisitor.
Nein, der Rath wird nicht hören den ruchlosen Sünder,
Denn das ist er!

Don Alvar.

Wie? ein Sünder?!
Weil ein neuer Welttheil sich ihm aufgethan?

Groß-Inquisitor.

Ha, wer das will behaupten, ist ein gottloser Ketzer,
In den heiligen Büchern wir davon nichts seh'n.

Don Alvar.

Hat die Kirche nicht Christoph Columbus verfluchet?

Groß-Inquisitor.

Junger Thor, der Ihr selbst Gott zu lästern versuchet!

Don Alvar.

Will des Vaterland's Größe!

Groß-Inquisitor.

Und beleidiget Gott!
Die Schrift, die Jener gab, sei ungelesen verbrannt!

Alle.

Ja, ja! — Nein, nein!

Ensemble.

Don Pedro, Don Diego, Groß-Inquisitor. Die alten Räthe.

> Welch' ein Lärm auch hier entstehe,
> Ob man tobe, ob man schmähe,
> Die Berathung hier geschehe
> Nur nach Ehre und nach Pflicht.
> Der Verwegne, er soll schweigen.
> Kann er uns nicht überzeugen,
> Seinen Trotz will ich schon beugen,
> Achtet er mein Anseh'n nicht

Don Alvar. Die jungen Räthe.
Welch' ein Lärm auch hier entstehe,
Ob man tobe, ob man schmähe,
Die Berathung hier geschehe
Nur nach Ehre und nach Pflicht.
Ha, wir sollen duldend schweigen,
Er ist nicht zu überzeugen,
Deshalb nur will er uns beugen,
Doch die Macht erreichet es nicht.

Alle.
Stimmt ab!

Groß-Inquisitor und die Bischöfe.
Herr, aus dem Schooß deiner Gnade
Send' uns die Milde herab,
Fromm laß uns geh'n deine Pfade,
Gott sei uns Führer und Stab.

Don Pedro.
Der gebietende Rath hier in des Königs Namen,
Der überall nur will des Vaterlandes Wohl,
Er weist zurück, was ihr verlanget,
Erklärt den Plan für Wahnwitz nur!

Vasco.
Wahnwitz nur! saget Ihr? Also wies einst zurück
Auch das eigene Land, und es nannte vom Wahne bethört
Christoph Columbus, der unsterblich heut,
Und sein Verlangen wurde von den Weisen damals
Für Wahnwitz nur erklärt.

Don Pedro.
Ha, schweig' Verwegener!

Basco.
Nein! Reden will ich!
Jetzt bin ich Euer Richter, und ich beschimpfe Euch!
Aber Ihr, die des Ruhmes Blüthen
Dem Vaterlande wollt entziehen,
Es richte Euch die spät're Zeit,
Euch, die ihr blind, voll Eifersucht, voll Neid!

Alle.
Den Tod, den Tod für solche Schmach!

Don Alvar.
O nein, habt Nachsicht und verzeiht!

Groß-Inquisitor.
Für solch Verbrechen werde ew'ger Kerker sein Lohn!

Basco.
Recht! Henker werdet mir, so krönt Ihr Euer Werk!
Ihr, die ihr das Licht so sehr scheuet,
Ihr schließt es fest in Kerker ein,
Aus Furcht, daß es ja nicht euch einmal doch erleuchte!

Ensemble.

Chor.
Ha, was er sich erfrecht,
Das ist gottlos und schlecht,
Doch es hat ihn gebracht
Ganz in unsere Macht.

Hat er gefrevelt kühn,
Die Straf' ereile ihn,
Es halte nichts mehr auf
Das Recht in seinem Lauf.

Vasco.

Als Sünder und Rebellen
Behandelt man mich heut,
Doch wird die Nachwelt fällen
Das Urtheil seiner Zeit;
Was Wahn und Neid jetzt stören,
Zum Lichte ringt es sich,
Das Land, es wird mich ehren,
Die Zukunft rächet mich.

Don Alvar.

Bedenk' es, Vasco, recht,
Was Du thatest, war schlecht.
Es hat Dich nun gebracht
Ganz in feindliche Macht.
Als Sünder und Rebellen
Behandelt man ihn heut;
Doch wird die Nachwelt fällen
Das Urtheil seiner Zeit.
Was Wahn und Neid jetzt stören,
Es ringt zum Lichte sich;
Das Land, es wird ihn ehren,
Die Zukunft rächet Dich.

Groß-Inquisitor.

Also spricht der Herr im Zorne.
Und er strafet zugleich,

er schleudert seinen Bannfluch,
Den Bannfluch auf Euch!

Vasco.
Tribunal! verblendet bist Du!

Chor.
Der Rebell sei bestraft mit dem Bannfluch!

Zweiter Act.

Ein Gefängniß der Inquisition in Lissabon.

―――

Nr. 4.

Vasco.

Schwimme nur, mein Schiff, durch die Wogen,
Schwimme leicht dahin, mit dem Zephyr flieg',
Und geschaukelt so sanft, geht dein Lauf doch zum Sie[g]
 Der Himmel war mit Dir,
 Sei gesegnet, neue Erde,
 Endlich zeigst du dich mir!

Selika.

Wie immer, voll Unruh' sein Schlaf,
Nichts als träume von Ruhm und von Unsterblichkeit.
Seit einem Monat schon im dunkeln Kerker hier,
Und Alle, außer mir, sie haben Dich vergessen,
Und Du, Du kennst nicht meines Herzens stille Pein,
Du fühlteft ach! für sie vielleicht Verachtung nur allein!

Vasco.

O meine Heimath, theure Geliebte!

Selika.

Was sagt er? Ach, ich zittre!

Vasco.
O Ines, einz'ge Freundin!

Selika.
Wie, Ines? hört' ich recht? Er glüht — doch nicht für mich —
Nein, er liebt eine Andere; ach die Qual ist zu groß.

Vasco.
Getrennt von ihr, o Schmerz!

Selika.
Sein Antlitz, wie es glüht, die Hand so eisig,
Er soll nicht leiden, mir allein das Leid!
O kehrte Friede in sein Herz,
Der damals mich geküßt, weil er mich sah in Thränen,
Für mich gab er dahin den Schmuck, die Waffen!
Töne denn, mein Lied, bring' ihm die Ruh',
Die er mir geraubt.

Schlummer-Arie.

In meinem Schooß laß ruh'n Dein Haupt,
Du tapfrer Sohn der Sonne,
Vom Lotuskranz des Sieg's umlaubt,
Winkt Dir des Schlummers Wonne.
Täubchen girrend ruft,
Leise hebt die Luft,
Sternlein blitzt in hellem Scheine;
Der Bengalis wacht,
Sagt sein Lied der Nacht:
O schlafe frieblich hier im Haine.
In meinem Schooß laß ruh'n Dein Haupt,
Du tapfrer Sohn der Sonne,

Vom Lotuskranz des Sieg's umlaubt,
Winkt Dir —
Er schlummert fest!
Weh mir, mein armes Herz, es bricht,
O Schmerz, verrathe mich ihm nicht!
O daß ich doch im Meere schliefe,
Hätt' mich getödtet Sturmes Wuth,
Eh' ich in meines Herzens Tiefe
Den Fremden geliebt, der dort ruht.
Die Flamme hier, o Brahma rette mich,
Vor Liebesqual und Lust vergehe ich!

   Vasco.

Der Sturm naht! Gefährten, habet Acht!

   Selika.

Er erwachet! Schnell — das Lied:
Zu Füßen mir schlummre nur Du,
Hier auf mosiger Schwelle,
Der Lotus haucht Dir duftig zu,
Es murmelt die Welle.
Er schläft in Ruh'!
Fast unterliege ich, wie leid' ich hier im Herzen,
Weh mir, die Schmerzen!
Für Dich allein hab' ich vergessen
Die Götter und mein Heimathland,
Die Schätze all' so unermessen,
Die Krone, meiner Größe Pfand!
Weh, ich liebe Dich!
Mein Glück, mein ganzes Sein
Bist Du allein!

Nr. 5.

Nelusko.

Ha, der Fürstin Ehre, sie gebietet's!
Es muß sein, für ihre Ehre, und weil ich ihn hasse!
Er ist's! Was seh' ich, eingeschlummert? Unrecht ist's!
Ich tödte niemals gern den Feind, der schläft.
Was thut's — es muß sein!

Selika.

Halt ein! Was willst Du beginnen?
Ein Gefangener ist es, so wie wir!

Nelusko.

Er ist ein Christ, sie alle hasse ich!

Selika.

Unser Retter war er einst, willst so den Dank Du zahlen?

Nelusko.

Auf dem Markt für sein Gold hat man uns ihm verkauft,
Das nennst Du Wohlthat? Kann eine Waare gegen ihren Käufer
Je dankbar sein und erkenntlich? O nie!

Selika.

Dich kaufte er, 's ist wahr!
Doch als auch mich er sah, ich weinte bitterlich
Und bat ihn und ich flehte, er möchte trennen nicht in ihrem Unglück,
Die durch den gleichen Schmerz so lange schon vereint,
Da kauft' er mich und gab dafür den Schmuck, die Waffen.,
Ihm verdank' ich's allein — ist unser Loos auch hart —
Daß ich in Dir die theure Heimath sehe;

Ohne ihn, ohne Dich, die Königin verlassen,
Es wär viel härter noch!
Und Du, Krieger, so stolz, willst Deine Hand also beflecken,
Du willst ermorden ihn, der so gut und so edel?!

Nelusko.

Ja ja, ich will's! Als Christen haß' ich ihn!

Selika.

Und deshalb nur allein?

Nelusko.
Vielleicht doch!
Selika.
Vollende!
Nelusko.

Nein, o nein!

Selika.
Nun, ich befehle, so sprich!
Arie.
Nelusko.

Dir, Königin, bin ich ergeben,
Ew'ge Treue ist meine Pflicht,
Knechtschaft Dein Loos, und Sklavenleben,
Sie rauben Dir die Hoheit nicht.
Auf unf'rer großen Insel, wo einst so glücklich wir,
Die Krieger und die Priester sah ich im Staub vor Dir,
Doch die Stirne, der einst das Diadem zu eigen,
Soll nur allein vor Gott in Demuth sich beugen.
O Du Hehre,
Die ich so hoch verehre.
Doch als der Zorn mich nun trieb, gegen den Feind —

Selika.

Nelusko!

Nelusko.

Vergieb!
Dir, Königin, bin ich ergeben,
Ew'ge Treue ist meine Pflicht,
Knechtschaft Dein Loos, und Sklavenleben,
Sie rauben Dir die Hoheit nicht.
Doch für ihn, für Vasco, der ein Christ,
Königin, Königin, denk, wer Du bist!
   Ob mich Lieb' erfasse,
   Ob dem finstern Hasse
   Ich mich überlasse —
   Heiß wallt auf mein Blut;
   Haß und Liebe nähren
   Flammen die verzehren,
   Die bei uns sich mehren
   In Sonnengluth.
Ich hab' etwas entdeckt, ein Geheimniß besteht,
Doch wär' grundlos auch, was ich fürchte,
Ich schwur mir im Innern, daß er untergeht,

Selika.

Nelusko!

Nelusko.

Meinen Zorn mag er fürchten, der seinem Leben droht!

Selika.

Habe Mitleid!

Nelusko.

Wie, für ihn bittest Du? Das fordert seinen Tod!

Selika.
Herr, mein Herr, o wache auf!
Vasco.
Was giebt's?

Selika.
Hier, Dein Mahl,
Das Dir gebracht Deine Sklavin getreulich.
Vasco.
S ist gut! Laß uns allein.
Hörst Du nicht?
Nelusko.
Hab's gehört!
Brahma, Du mächt'ger Gott, an den ich glaube,
O duldest Du's, daß sie vor ihm im Staube!?

Nr. 6.

Selika.
Hat Hunger mein Herr?
Vasco.
Nein! Deshalb erweckst Du mich?
Selika.
Ich glaubte recht zu thun!
Vasco.
Es strahlte mir entgegen
Das unbekannte Land.
Selika.
Verlangt mein Herr zu trinken?

Basco.

Nein! Schon hörte ich von fern den Siegesruf:
Ruhm und Ehre dem Vasco de Gama,
Den Ruhm verkünde die Welt!
Ruhm! Freiheit!
     Ach! Und zu erwachen hier im Kerker!

Selika.

Und dennoch — Herr —

Basco.

    Was, Du noch hier? Geh' hinaus!
Und dies hier kannst Du nehmen!

Duett.

Basco.

Umsonst wollt ihr am Geist euch rächen,
Ihr kerkert mich ein so lange Zeit,
Ich will die Sklavenfesseln brechen,
Und Ines seh'n, o Seligkeit!

Selika.

Verleihet mir Kraft für meine Schmerzen,
O Götter Ihr in Himmelshöh'n,
O reißt sein Bild mir aus dem Herzen,
Laßt sein Aug' mein Leid nicht seh'n!

Basco.

Dies Vorgebirg', das Niemand erklommen,
Mit seinen Klippen uns bedroht;
O Ruhm für mich, wenn es genommen!
Von diesem Punkt —

Selika.

Nein, nein, hier geht's sicher zum Tod!

Vasco.

Was sagst Du?

Selika.

Doch von dort!

Vasco.

Von dort?

Selika.

Hier zur Rechten eine Insel —

Vasco.

Eine Insel?

Selika.

Mächtige Insel, und ein gottgeliebtes Land!

Vasco.

Und weiter —

Selika.

Ja, hier war's, wo mein gebrechlich Boot,
Vom Typhon überrascht auf erst so stillem Meer,
Nachdem es mit den Wogen tagelang gekämpft,
Endlich wurde verschlagen nach dem Land der Sklaven.

Vasco.

Triumph denn! Ich wußt' es wohl! Von hier ist's zu erreichen!
Dank Dir, es krönt der Himmel endlich doch mein Werk!

Ensemble.

Vasco.

Des Dankes Empfinden,
O, nie soll es schwinden,
Mag Dir es verkünden
So freudig die Brust.
In Kerker und Qualen
Will Hoffnung sich malen,
Seh' Ruhm ich erstrahlen,
O himmlische Lust!

Selika.

Seines Dank's Empfinden,
Möge nie es schwinden;
Könnt' es doch entzünden
Lieb' in seiner Brust!
In Kerker und Qualen
Will Hoffnung sich malen
Und Liebe erstrahlen,
O himmlische Lust!

Vasco.

Du bleibest nun bei mir in Freud' und in Leid!
In Freud' und in Leid?

Vasco.

Bald wird uns lachen die glückliche Zeit!

Selika.

Die glückliche Zeit!

Vasco.

Und jene Erde, sie ist Dir bekannt?

Selika.

Mein Heimathland!

Vasco.

An Völkern und Schätzen so reich?

Selika.

Ja, überreich!

Vasco.

Und dann dort unten, verfolgend den Strand —

Selika.

Noch mehr!

Vasco.

Und andr'e Länder und Völker noch mehr?

Selika.

Noch mehr!

Vasco.

Noch mehr, noch mehr?

Ensemble.

Vasco.

Des Dankes Empfinden,
O, nie soll es schwinden!
Mag Dir es verkünden
So freudig die Brust.
In Kerker und Qualen
Will Hoffnung sich malen,
Seh' Ruhm ich erstrahlen,
O himmlische Lust!

Selika.

Seines Dank's Empfinden,
O, mög' es nie schwinden!
Könnt' es doch entzünden
Lieb' in seiner Brust!
In Kerker und Qualen
Will Hoffnung sich malen
Und Liebe erstrahlen,
O himmlische Lust!

Nr. 7. Finale.

Don Pedro.

Berichtet sind wir gut; Ihr mögt Euch überzeugen,
Daß uns das Glück begünstigt.

Vasco.

Darf ich den Augen trau'n?
Ines, die Heißgeliebte!

Selika.

Sie ist's, Ines, sie hier!
Ha, die Weiße! Wie's so kalt durch die Adern mir rieselt!

Ines.

Du sollst, so hatte ich gehört,
Dein Leben enden im Kerker hier,
Doch Gnade ist für Dich gewährt,
Und nun bring' ich die Freiheit Dir!

Vasco.

Die Freiheit mir! O Gott!

Ines.

Ja! Lies diese Schrift! Hier den Befehl!
Sieh! Nun ewig lassen muß ich Dich,
Vergebens hältst Du mich!
Leb' wohl!
Nun fort, nun laßt uns geh'n!

Basco.

O bleibt! Errieth' ich doch, was Argwohn Euch erregt,
Diese Sklavin —

Ines.

Die Ihr in Afrika erstanden —

Basco.

Ist nichts als meine Sklavin; Euer Herz hegt Zweifel,
Doch Ruh' giebt ihm ein Wort;
Vernehmt, ich schenk' sie Euch!

Selika.

Grausam ist er!

Basco.

Sie soll von nun an Euch gehören!

Nelusko.

Und ich? und ich?

Basco.

Und auch Du folgest ihr!
Nimm mein Herz und mein Blut, Alles, was ich besitze,
Wenn Dein Aug' in Liebe mir strahlt!

Selika.

Grausam ist er!

Ines.
Ach, welch' Unglückstag!

Ensemble.

Vasco.
Nun winkt auch mir so hold das Glück,
Ein Stern in dunkler Nacht
Aus ihrem Aug' mir lacht.

Ines.
Nur mich liebt er in ew'ger Treu'!
Weh' mir, im Schmerz die Brust erbebt,
Es stockt das Wort in stummer Scheu,
Das auf der Lippe schwebt.

Anna.
Für sie, o Gott, welch' herber Schmerz!
Was nur bedrückt ihr armes Herz?
Er liebet sie so inniglich —
O könnte ich erretten Dich!
Das Wort versagt, bleich ihr Gesicht,
Ihr Aug' erlischt, das Herz es bricht.

Don Pedro.
Das Schicksal will's; bringt es auch Schmerz,
Erhörte mich, es heilt ihr Herz.
Ha, der Rival in Zorn und Wuth,
Wie wohl das meinem Herzen thut!

Selika.
O güt'ger Gott, welch' herber Schmerz!
Verrathen hat er doch mein Herz.

O Grausamkeit, verkauft bin ich
An jene dort! Wer tödtet mich?

Nelusko.
Das Schicksal will's, bringt es auch Schmerz,
Es löst das Band, befreit ihr Herz.
Sei stolz und fest, hab' Kraft und Muth,
Bald sind wir dort, wo Alles gut.

Don Alvar.
Für sie, o Gott, welch' herber Schmerz!
Was nur bedrückt ihr armes Herz?
Er liebet sie so inniglich;
O könnte ich doch retten Dich!
Das Wort versagt, bleich ihr Gesicht,
Ihr Aug' erlischt, das Herz es bricht.

Don Pedro.
Der Handel gilt!
Die Beiden dort, ich werd' sie Euch bezahlen!
Doch, ungesäumt nun fort!

Basco.
Was saget Ihr?

Don Pedro.
Der König, der lang noch regiere,
Vertraute meiner Hand, daß zu Ende sie führe
Das Wagniß kühn und ruhmvoll auf tödtlicher Bahn
An dem bis heut gescheitert der Stolz und der Wahn

Basco.
Euch, dem ich übergab mit unseligem Schwanken
Die Früchte der Gefahr, meiner Müh'n und Gedanken

Don Pedro.
Eitle Pläne, vergessen, vom Feuer verzehrt.
Vasco.
Ruhm, den ihr rauben wollt, der ewig mir gehört.
Nelusko.
Bring' mich nur auf Dein Schiff und hoher Ruhm ist Dein,
Ich will Dir Steuermann und sich'rer Führer sein.
Don Pedro.
Das dacht' ich, als ich Dich gekauft.
Vom König über alles entdeckte Land
Bin ich zum Gouverneur ernannt.
Don Alvar.
Schon vorher?!
Don Pedro.
In wen'gen Stunden segelt ab das Geschwader.
Nun kommt, wir müssen fort! Eure Hand!
Vasco.
Mit welchem Recht?
Don Pedro.
Mit dem Rechte,
Das ich am Altar von Gott selbst empfangen.
Vasco.
Was sagt er?
Ines.
Ihr habt, sagte man, mich vergessen.
Um zu retten Euch von der Schmach,
Vom bittern Loos ew'gen Kerkers,
Gab ich ihm meine Hand. Nun — fern von Euch —
    der Tod!

Vasco.

Ha, verflucht jener Bube!
Wehe mir! ha, wehe mir!

Ensemble.

Vasco.

O, der Schmerz macht mich erbeben,
Sie vernichtete mein Leben,
Brach das Wort, das sie gegeben,
Elend bin ich ewiglich.
Dem' Verhaßten schwur sie Treue,
Später doch trifft sie die Reue;
Nie der Himmel Dir verzeihe,
Und das Unglück treffe mich.

Don Pedro.

Ha, der Schmerz macht ihn erbeben,
Seh' von Gram zerstört sein Leben,
Doch ihr Wort hat sie gegeben,
Und ihr Loos beherrsche ich.
Am Altar schwur sie die Treue,
Ob sie nun den Schritt bereue,
Ob er wüthe, ob er bräue,
Sie ist mein auf ewiglich.

Ines.

O, der Schmerz macht ihn erbeben,
Da vernichtet ich sein Leben,
Brach das Wort, das ich gegeben,
Elend bin ich ewiglich!
Doch zu spät komm nun die Reue,

Ihm gehöret meine Treue,
Ha, verfluchet ist mein Dasein,
Und das Unglück treffe mich!
Selika.
O, der Schmerz macht mich erbeben,
Nun vernichtet ist mein Leben!
Schmach nur hat er mir gegeben,
Die ihn liebte ewiglich.
Doch zu spät kommt seine Reue,
Einem Andern schwur sie Treue,
Meine Hoffnung kommt auf's Neue
Und das Schicksal schützet mich.
Nelusko.
Ha, den Christen seh' ich beben,
Rache hat uns Gott gegeben,
Könnt' vernichten ich sein Leben,
Seiner Schmerzen lache ich.
O, das Glück winkt mir auf' Neue,
Er, der hofft auf meine Treue,
Ihn auch opfr' ich ohne Reue,
Welche Wollust bald für mich!
Don Alvar. Anna.
O, der Schmerz macht sie erbeben,
Und vernichtet ist ihr Leben,
Doch ihr Wort hat sie gegeben,
Ist gebunden ewiglich.
Nun zu spät kommt ihre Reue,
Ihrem Mann gehört die Treue,
Die am Altar fand die Weihe,
O, die Aermste dauert mich!

Ines.

O Vasco, höret mich!

Selika.

Ob er ihr folget?

Don Pedro.

Sie wagt es!

Don Alvar.

Bleibt ruhig.

Nelusko.

Er geht zu ihr!

Ines.

So nimm die Freiheit, die ich gab,
Sie winkt zu Ruhm und Ehren;
Doch wirst Du glücklich wiederkehren,
Dann geh', ach geh' zu meinem Grab.
Umsäuseln Dich die linden Lüfte,
Dann wehet wohl durch Blumendüfte
Der Treue Gruß zu Dir herab.
Leb' wohl, dort oben winkt uns Wiedersehn!

Selika.

Verlassen, verachtet, welch' grausames Loos!
Er giebt den Feinden mich;
Fern von ihm — welche Qual!
Thränen, rinnt ohne Zahl!
Ich verlor mein ganzes Glück
Es kehrt nie zurück!

Anna.

Sie bracht' ihm die Freiheit,
Sie bracht' ihm Verderben —

Er muß lassen sie.
Sein einzig Glück sieht er entflieh'n,
O grausam Loos!

Basco.

Sie gab mir die Freiheit,
Doch mit ihr das Elend —
Ich muß lassen sie,
Die mein einzig Glück.
Fern von ihr — welche Qual!
Thränen, rinnet ohne Zahl!
All mein Glück
Kehrt nie zurück;
O Gott, welch' Loos für mich!

Don Alvar.

Sie bracht' ihm die Freiheit,
Sie bracht' ihm Verderben —
Er muß lassen sie,
Die sein einzig Glück;
O Gott, welch' Loos für ihn!

Nelusko.

Sie sieht sich verachtet,
Er leidet im Herzen —
Brahma, sei gelobt!
Ihr Gesicht, es erbleicht,
Doch nun ist es erreicht —
Rettung war's für sie,
Denn zurück kehrt er nie.

Don Pedro.
Mein Plan ist gelungen,
Er muß sie verlassen —
Ich bin nun gerächt.
Verloren ist Alles für ihn.
Sein Gesicht, es erbleicht,
Doch das Ziel ist erreicht —
Er kehrt nie mehr zurück,
Mein ist Sieg und Glück.
Alle.
Dort winkt uns Wiedersehn —
Lebt wohl!

Dritter Act.

Das Theater stellt den Durchschnitt eines Schiffes in der Breite dar.

Nr. 8.

Chor der Frauen.

Der Morgen kommt heraufgezogen,
Die frische Luft stärkt uns den Sinn,
Es spielen unter uns die Wogen,
So gleitet sanft das Schiff dahin.

Don Pedro.

Tag und Nacht muß Alles sich rühren,
Daß die Zeit nicht umsonst verrinnt,
Mir ward das Loos, dies Schiff zu führen,
Mich schrecket nicht Wetter, nicht Wind.

Nr. 9.

Chor der Matrosen.

Auf, auf! Matrosen auf!
Ganze Mannschaft, auf, auf!
Morgenroth so helle
Scheinet auf die Welle,

Der Tag kommt herauf.
Auf, auf!
Die Arbeit beginne den täglichen Lauf.

Nr. 10.

Chor der Matrosen.

Sankt Dominik dort oben,
Den alle Frommen loben,
Gieb auch heut' uns das Glück,
Führ' lebend mich zurück
Und ich sag'
Alle Tag
Mein Gebet, dich zu loben,
Sankt Dominik dort oben!

Ines.

O mein Gott in Himmels Höhen,
Gieb mir Ruhe, gieb mir Glück,
Schütze mich mit Deinem Blick!

Anna. Die Frauen.

O mein Gott in Himmels Höhen,
Gieb ihr Ruhe, gieb ihr Glück,
Schütze sie mit Deinem Blick!

Nr. 11.

Ein Matrose.

Dies Schreckens-Cap hat uns betrogen,
Es zeiget uns nur seine Huld,
Voll Ruh und Frieden sind des Meeres Wogen.

Nelusko.
Nur Geduld, habt nur Geduld!

Ein anderer Matrose.
Und Adamastor, Euer Schrecken,
Auch er zeigt uns nur seine Huld,
Nichts war vom Meeres-Riesen zu entdecken.

Nelusko.
Nur Geduld, habt nur Geduld!

Nr. 11a.

Don Pedro.
Ah, Ihr seid's, Don Alvar?

Don Alvar.
  Will zu Euch, Admiral!

Don Pedro.
Erob'rung suchet Ihr an so entferntem Strande,
Gebt auf Euren schönen Palast im Vaterlande?
Das zeigt den Helden! Und doch, was ist Euch?

Don Alvar.
Seht Euch vor! Euer Steuermann,
Den Ihr nicht kennet, ist ein Verräther.
Zwei Schiffe schon verlort Ihr bisher,
Am Felsen eins zerbrach, das andre liegt
    drunten im Meer.

Don Pedro.
Doch diesem Schiffe bleibt, so hoff' ich, Unglück ferne,
Dank weiß ich ihm, durch den es Sieger war,

Wir sind am Schreckens-Cap trotz drohender Gefahr;
Dem Führer nicht allein — ich traut' auch meinem Sterne!
Seht, das Glück lächelt mir,
Denn zuerst war ich hier.

Don Alvar.

Nein! Ein Andrer dort vor uns war schneller als Ihr!
Noch kann von hier man deutlich sehn das weiße Segel zieh'n,
Die Furche in den Wellen zeigt den Weg.

Don Pedro.

Wem gehört's?

Don Alvar.

Es soll dies, wie der Matrose sagt,
Des Meeres Schutzengel sein,

Don Pedro.

Vielleicht sein böser Dämon?

Don Alvar.

Man muß ihm folgen!

Don Pedro.

Nein! Man bleibt ihm fern!

Nelusko.

Holla! Habet Acht! Der Wind dreht sich!
Zieht auf die Segel, alle an Bord!
Der Wind, er dreht sich, wendet nach Nord!
Am Horizont seh' ich die Zeichen deutlich schon.
Es naht der Sturmwind Typhon. Wendet nach Nord,
Sonst droht euch Untergang.

Don Alvar.

Seid Ihr gewiß, daß er Euch nicht verräth?

Nelusko.
Ich, der Euch gut geführt, durch den allein Ihr kennet
Den Plan Vasco de Gama's und sein Ziel.

Don Pedro.
Dafür, 's ist wahr, bin ich bis heut sein Schuldner noch.

Nelusko.
Herr, heute könnet Ihr belohnen mich
Für meine treuen Dienste. Hört, es starb
Der Zuchtmeister dieses Schiffs, gebt mir die Stelle.

Don Alvar.
Das nennst Du gut belohnt, macht man zum Henker Dich?

Don Pedro.
Es ist sein Wunsch, er sei gewährt!

Nelusko.
Dank' schön, o Herr, dank' schön,
Ihr sollt des neuen Amts mich immer würdig seh'n.
Ha, mit der Peitsche, dem Stock
Martern will ich unverwandt,
Warte nur, du Heidenvolk,
Hab' dich nun in meiner Hand;
Peitschen sie, hauen sie, martern sie!
Brahma, mir Kraft gewähre,
Zu thun nach deiner Lehre!

Don Alvar.
Und diesem feilen Knecht, der seinen ersten Herrn verrathen,
Wollt Ihr vertraun? Wer einmal treulos,
Ist's später auch, weh' dann Euch! Zwei Schiffe schon,
Die er geführt, sie sind dahin!

Nelusko.

Adamastor, dem Niemand trotzet,
Des Meeres Riese, er hatte sie verdammt.
Nur zu bald wird sein Zorn ob unsern Häuptern wüthen,
Wenn Ihr nicht ändert Eure Ansicht, und laßt nicht steue
Nach Norden sogleich.

Don Alvar.

Wohin willst Du uns führen?

Nelusko.

Seid furchtlos, folget mir!

Don Pedro.

Nun wohl, sei's! Steuert
Gleich gegen Nord!

Nelusko.

Tra la la la la!
Schon seh' Alles im Sturme ich brechen,
Dieser Weg führt zum Tod, er wird uns endlich rächen;
Der gefahrvolle Ort, uns ist er fremd nicht mehr,
Die Böte unsrer Insel fuhren oft hierher.
Tra la la la la!

Ein Matrose.

He, Nelusko, was singest Du denn da?

Nelusko.

Ich singe die Legende vom grausen Adamastor,
Von dem Riesen, der uns droht,
Der den Sturm bringt und sichern Tod!

Matrosen.

Laßt uns hören die Legende vom Riesen, der uns droht,
Hören wir!

Nr. 11 bis.

Ballade.

Nelusko.

1.

Hei! Adamastor, der König der Wellen,
Hört ihr sein Pfeifen, sein Brausen und Gellen?
Wenn auf das Meer sein Fuß sich stellt,
Wehe euch Allen,
Wehe dem Schiffe, das er überfällt.
Seht ihr ihn wohl?!
Schreitet beim Feuer der Blitze einher,
Seht ihr ihn wohl, ihn, den Riesen im Meer?
Hebt die Wogen und stürzt sie herab,
Sünder, du stirbst, und kein Mensch kennt dein Grab.
Ha, ha! zittert ihr?
    Auf! An die Segel, Stricke,
    Daß euch die Rettung glücke,
    Wenn euch der schwarze Abgrund droht,
Und klammert euch fest an die Taue und Maste,
    Sonst trifft euch der Tod!

Chor der Matrosen

klammert euch rc. rc.

Don Pedro.

Seht doch, o seht, Gott will uns Gnade schenken,
Dies Schiff, das erst an unserm Aug' vorüberfloh,
Es ändert seine Bahn, will zu uns her sich lenken.

Nelusko.

Ha, ha! Es will entgehen der Gefahr.

Alle.
Der Steuermann hat Recht.
Nelusko.

2.

Wie, ihr wollt trotzen, armselig Gewürme,
Dem Adamastor, dem König der Stürme?
Sprichst Du, Europa, dem Ocean Hohn?
Blicke nur um Dich, Du findest den Lohn!
Seht ihr ihn wohl?
Schreitet beim Feuer der Blitze einher,
Seht ihr ihn wohl, ihn, den Riesen im Meer?
Hebt die Wogen und stürzt sie herab,
Sünder, du stirbst, und kein Mensch kennt dein Grab.
Ha, ha! zittert ihr?
  Auf! An die Segel, Stricke,
  Daß euch die Rettung glücke,
Wenn euch der schwarze Abgrund droht,
Und klammert euch fest an die Taue und Maste,
  Sonst trifft euch der Tod!

Chor der Matrosen.
Und klammert euch ꝛc. ꝛc.

Ein Matrose.
Ein Schiff, das trägt portugiesische Flagge,
Es läßt ein leichtes Boot her zu uns grade steuern.
Wie es eilet, gleich ist's hier.

Nelusko.
Kommt Jemand etwa gar, guten Rath zu ertheilen,
Will retten sie am End'? das verbärb' mir den Plan.

Don Alvar.

Wie, Vasco, Ihr seid's? Mit uns zu gleicher Zeit
In diesem fernen Land, was konnt' hierher Euch führen?

Vasco.

Wer mich geführt, war Gott — ich vollzieh' sein Gebot,
Er allein schützte mich, wie er schützte mein Fahrzeug.

Don Pedro.

Um nach uns hier zu sein?

Vasco.

Nein, vor Euch traf ich ein!

Don Pedro.

Also der Trotz bracht' Euch so weit?

Vasco.

Herr, retten will ich Euch, ja retten, wenn's noch Zeit.

Nr. 12.

Duett.

Vasco.

Welch' Geschick, sagt vielmehr, welch' verblendeter Wahnsinn
Führt' Euch gegen jenen Ort,
Wo einst mein Admiral, Bernard Diaz starb,
Wo sein Schiff an Klippen zerschellte?
Nicht allein droh'n die Felsblöcke Euch, die im Meere versteckt,
Es landen von den Ufern kleine Boote ohne Zahl,
In denen wilde Krieger, die bald Ihr seht
Im Kampf um die Trümmer Eures Schiffs.

Don Pedro.
Glaubet Ihr?

Vasco.
Sehr wohl kenne ich die Gefahren,
Zu meiden sie, es würd' Euch schwer;
Trotz meinem Haß, Euch zu bewahren,
Zu retten Euch kam ich hierher.
Denn die Söhne des gleichen Vaterlands
Soll'n fest zusammensteh'n.

Don Pedro.
Ihr meint, zu umgeh'n die Gefahren,
Wär' ohne Euch nicht möglich mehr?
Doch, bin's wohl ich, den zu bewahren,
Und den zu retten Ihr kam't hierher?

Vasco.
Eilet Euch! Das Meer im Sturme
Giebt Euch nicht mehr die Frist zu flieh'n.

Don Pedro.
Doch nicht für mich ist's, daß Ihr sorget,
Für Ines ist's!

Vasco.
Nun, ja, es ist für Ines, für jenes edle Weib!
Zu retten sie, bleibt keine Wahl,
Mit ihr muß retten ich den verhaßten Rival.

Don Pedro.
Großmuth nennt Ihr Eure Schande!
Prahlt mit Lieb' zum Vaterlande

Wollt nur brechen Ehebande,
Rauben meine Gattin mir?
Wenn ich auch die Wuth verhehle,
Die entflammet meine Seele,
Doch, gehorcht, wenn ich befehle,
Gleich entfernet Euch von hier.

Vasco.

Auf Euch selber komm' die Schande!
Ha, ihr brachet selbst die Bande,
Die ich schloß im Vaterlande,
Und dem Gatten trotz' ich hier.
Ob sich Eure Wuth verhehle —
Wenn der Zorn entflammt die Seele,
Giebt die Ehre nur Befehle,
Hier sogleich steht Rede mir.

Don Pedro.

Junger Thor, wollet nicht vergessen:
Auf diesem Schiff gilt mein Gebot,
Niemand darf hier mit mir sich messen,
Und den Trotz bestraft der Tod.

Vasco.

Wie, ein edler Portugiese wagt mir das zu sagen?

Don Pedro.

Das Gesetz züchtigt den, der sich frech überhebt.

Vasco.

Wie? Du denkst mich zu richten, wo es gilt, sich zu schlagen?

Don Pedro.

Hüte Dich, mich zu reizen!

Basco.

Ha, der Feige, er bebt! Komm' heran, komm' heran!

Don Pedro.

Ha, kaum kann ich mich halten,
Das Gesetz möge walten,
Du fällst meiner Wuth,
Spar' Deinen Muth.
Furchtbar straf ich Dich,
Den Schimpf räche ich.

Basco.

Ha, kaum kann ich mich halten,
Das Schwert möge walten,
Komm', denn nur Dein Blut
Kühlt meine Wuth.
Kannst zittern und beben,
Hast Furcht für Dein Leben?
Feiger, ruf' ich,
Komm' und räche Dich!

Nr. 13. Finale.

Don Pedro

Gleich werde er an den Mast festgebunden
Daß die Kugeln eurer Gewehre
Gerechtigkeit üben!

Basco.

Feiger!

Selika.
Welche Stimme?

Ines.
Vasco ist's!

Don Pedro
Hin zum Tod führet ihn!

Ines und Selika
Ach, daß mein heißes Flehen, daß es mag Eure Seele durchziehn,
Begnadigt ihn!

Don Pedro
Soldaten, sogleich gehorchet!

Selika.
Ha, verläßt der Himmel mich, dann Hölle sollst du mir helfen!
Tödtest Vasco Du, dann opfr' ich Deine Ines,
Bei dem Gott, der mich hört, — ich schwöre, Wort zu halten.
Nun sprecht — und sogleich — dort die Gnade,
Hier der Tod!

Alle.
O Gott! Wie der Schreck ihn erfaßt, wie er zaudert,
Und sein Herz den Entschluß überlegt.

Ensemble.

Septett.

Ines.
Selika, nicht begeh' das Verbrechen,
Was denn that ich, daß Du Dich willst rächen?
Frag' Dein Herz, o laß es sprechen,
Und Jener, sieh, er zürnt nicht mehr.

Will Dein Arm mit dem Tode mir dräuen,
Wird Kraft und Stärke mir Gott verleihen,
Stoß' nur zu, und ich will Dir verzeihen,
Wenn er stirbt, o dann sterb' ich mit ihm.

Selika.

Ha, Tyrann, nun vollzieh' Dein Verbrechen,
Noch im Tode will Hohn ich Dir sprechen,
Bricht doch mein Herz, wenn der Tod ihm gegeben,
Was soll denn mir mein erbärmliches Leben?

Vasco.

Ach, durch Dich soll sie sterben, mich schaudert,
Selika, frage Dein Herz; wie, es zaudert?
Kannst Du fordern ihr junges Leben,
O, Du weißt, was so tief mich bewegt.
Gieb doch auf das schreckliche Dräuen,
Mitleid mag Dir der Himmel verleihen,
Nie, o nie könnte ich Dir verzeihen,
Komm' o Tod, der hinüber mich trägt.

Don Pedro.

Niedre Sklavin, rasest Du? Welch' Erfrechen!
Nimmer wag' zu vollziehn Dein Verbrechen,
Ha, an Dir will ich furchtbar mich rächen,
Deine Schuld zahlst Du mit dem Blut.
Grause Qual will für Dich ich ersinnen,
Zittre, Dir bringt Tod dies Beginnen,
Gnade nicht, Rache will meine Wuth.

Nelusko.

Ha, er zaudert, will im Zorne sich rächen,
Mag die Wuth auch im Herzen nur sprechen,

Dennoch zittert er und überlegt.
Möge Brahma ihm Stärke verleihen,
Diese Christen dem Tode zu weihen,
Daß bei ihm nur Gefühl sich nicht regt.

Selika.

Sprecht nur aus, und sogleich: Gnade dort,
Hier der Tod!

Don Pedro.

Haltet ein! Nun wohl er mag leben!

Alle.

Gott, er ist frei!

Don Pedro.

Schleppt ihn sofort zum allertiefsten Raum!

Don Alvar.

Dort sein Schiff harrt seiner.

Don Pedro.

Mag es weiter steuern,
Sein Chef, er bleibt gefangen hier bei mir!

Don Alvar.

Doch habt ihr Gnade ihm gewährt —

Don Pedro.

Wie ich versprach,
Es sei das Leben ihm geschenkt;
Ich schwor es und ich halte meinen Eid.
Doch nichts versprach ich dieser Selika,
Gerechte Strafe treffe diese Magd,
Die Sklavin, die auf ihre Herrin
Den Dolch zu zücken hat gewagt. Mit glühn'der Ruthe
Soll zücht'gen man sie hier vor Euren Augen.

Nelusko.
Die Königstochter wollet Ihr beschimpfen?
Wer wohl vermöchte das?
Don Pedro.
Du selber!
Nelusko.
Nimmermehr!

Ein Matrose.
An die Segel! An die Taue! Der Sturm bricht los!

Chor der Indier.
Brahma, Brahma!
Mach' stark mich heute,
Den Sohn, der dich verehrt.
Brahma!
Daß Ruhm und Beute
Dem Tapfern sei bescheert.
Nicht Mild' und Gnade,
Nicht Frieden sei gewährt,
Auf unserm Pfade
Mähe nur das Schwert
Brahma, Brahma!
Doch diese hier, wer sind sie?

Nelusko.
Kinder sind's Eures Landes;
Ich führte ja durch List den Feind in Eure Macht,
Auf diese Klippen habe ich das Schiff gebracht.

Indier
Und diese junge Sklavin?

Nelusko.
Sinkt in den Staub sogleich,
Die Kön'gin steht vor Euch!

Indier.
Selika! Die Königin!

Vierter Act.

Die Bühne zeigt zur Linken einen indischen Tempel, zur Rechten einen Palast.

Nr. 14. Marsch. Einzug. Ballet.

Nr. 15. Ensemble.

Oberpriester.
Wir schwören bei Brahma,
Bei Wischnu und Schiwa,
Den Göttern, die in Hindostan wir hoch verehren.
Gehorsam laßt uns schwören
Hier für unsre Königin.

Chor.
Gehorsam laßt uns schwören
Hier für unsre Königin.

Nelusko.
Und Selika, die durch uns ward gekrönet,
Schwöre, ihr Alle hört's, zu halten das Gesetz,
Auf dieses heilige Buch, in dem Tempel
Von Brahma einst selbst eingesetzt.

Selika.
Ja, ich schwöre!

Oberpriester
Niemals, so schwurest Du, niemals soll ein Frembling
Mit seiner sünd'gen Gegenwart beflecken
Des Vaterland's geweihten Boden.

Nelusko.
Königin!
Das heil'ge Schwert hat vertilget sie alle.

Selika.
Himmel! Alle!

Ein Priester.
Einer nur, den auf des Schiffes Grunde
Sie an Ketten gelegt, nur er noch ist am Leben.

Nelusko.
Vielleicht ist's Vasco!
Geh' zu opfern ihn sogleich!

Oberpriester.
Am Altar unsrer Götter die Krone
Dir winkt. Nun kommt!

Nelusko.
Laßt uns der Königin folgen!
Welches Geräusch?

Ein Priester.
Zum Gericht führt man jetzt
Die Frauen der Barbaren.

Nelusko.

Zum Manzanillobaum mit seinem schwarzen Schatten,
In dessen Laubwerk sich der Todes=Odem regt,
Dort führt die Opfer hin, dort sollen sie ermatten,
Bis sie das Gift betäubt, zum Tod hinüberträgt.

Nr. 20. Arie.

Vasco.

Land so wunderbar!
Gärten, reich und schön!
Tempel so voll Glanz,
Seid gegrüßt!
O Paradies, das mir zum Ruhme werde,
Himmel so rein und so blau,
Den entzücket ich schau',
Dank, daß ich fand Dich, neue Erde,
Schatz, den nun empfängt das Vaterland.
Für uns diese fruchtbaren Felder,
Dies Eden, dem keines gleich,
Du an Schätzen, an Wundern so reich,
Gegrüßt, o neue Welt, ich halte Dich, sei mein!

Priester.

Sehet die Sonne, sie pranget
    In Gluth,
Was von dem Schwert sie verlanget
    Ist Blut!
Heute soll das Opfer fallen
    Dem Tod!
Rache=Chöre rings erschallen:
    Der Tod!

Basco.

Was sagen sie? den Tod?
Und grade jetzt, jetzt soll ich sterben
Mein Ruhm soll untergehn
Wie ich selber? und mein Name mit ihm?
Das wollen könnt ihr nicht, nein!
O geht mit mir, das Schiff zu finden,
Dessen Flagge leuchtet unserm Blick,
Daß ich den Freunden kann verkünden:
Ich bin am Ziel, gekrönt vom Glück;
Daß Europa weiß, wie mein Streben
Umstrahlt war von dem Siegesglanz,
Daß hier ich bezahlt mit dem Leben
Des ewigen Ruhmes Kranz.
Habt Mitleid doch, Mitleid mit mir!

Priester.

Dem Fremden Tod!

Basco.

Laßt mein Flehen euch beschwören,
Ach, wollt ihr mich tödten hier,
Nun, so nehmt das Leben mir,
Aber nicht des Nachruhms Ehre.
Weniger grausam sein wird mir das Sterben,
Trotz der Qual, seht ich bin bereit,
Soll ich geopfert sein — laßt mich erwerben
Den Ruhm und die Unsterblichkeit.

Priester.

Nein, dem Fremden Tod!

Basco.

Nun wohl! Als Held und als Christ sterb' ich hier,
Mein Gott, nimm mich gnädig auf zu Dir!
Nun fort!

Priester.

Sehet die Sonne, sie pranget
    In Gluth,
Was von dem Schwert sie verlanget
    Ist Blut!
Heute soll das Opfer fallen
    Dem Tod!
Rache-Chöre rings erschallen:
    Der Tod!

Selika.

Haltet ein!

Basco.

    Selika!

Nr. 21. Ensemble.

Nelusko.

Du willst dem Opfer ihn entziehen?

Oberpriester.

Wie, für den fremden Mann willst Du trotzen dem Gesetz,
Das streng zu halten Du an heiliger Stätte schwurst?

Alle.

Ja, allen Fremden Tod, unsre Gesetze,
Sie werden befolget!

Oberpriester.

Dem Gesetz ist Genüge gescheh'n; bis auf die Frauen
Erschlugen unsere Beile sie alle.

Vasco.

Auch du, Ines, tobt?   So trefft auch mich!

Selika.

Ich, so grausam!

Oberpriester.

Dem Fremden Tod!

Alle.

Ja, Tot!

Selika.

Wie, wenn er uns nun kein Fremder wär'?

Vasco.

Was hör' ich?!

Selika.

Sei still! Gestatte mir zu retten Dich vom Tod,
Vergessen magst Du mich nachher!
Wenn durch ein seltsam Schicksal er nun wär' unser Bruder?

Alle.

Himmel!

Selika.

Wenn durch Geschick,
Durch heil'ge Bande, die nichts kann zerstören,
Mit ihm ich wär' vereint?

Nelusko.

Gott, was soll ich hören!

Selika.

Ja, Eure Fürstin, verkauft als Sklavin in die Ferne,
Er rettete allein ihr Leben, ihre Ehre; meine Hand,
Wie Du weißt, gab ich ihm zum Lohne.

Nelusko.

Wie, ich?

Selika.

Du allein kannst Lügen strafen mich,
Doch merk' es wohl: stirbt er, dann sterb' auch ich!
Hört mich! Nelusko bezeugt hier vor euch,
Daß ich die Wahrheit sprach.

Oberpriester.

Er bezeug' es gleich bei unsern Göttern
Und auf ihr gold'nes Buch.

Nr. 22. Cavatine mit Chor.

Nelusko.

Wie hat mein Herz geschlagen
Ach! nur für sie so warm!
Wie soll das Leid ich nun ertragen,
Sie seh'n in seinem Arm!?

Das Opfer mag geschehen,
Mein Herz mag untergehen,
Wird es doch freudig nie;
Ihr Glück soll Niemand stören.
Ich selbst will es vermehren,
Will sterben gern für sie.
Alle.
O seht doch, er zittert, er wanket,
Er bebet, er schwanket,
Weshalb wohl er schweiget?
Du könntest bezeugen
Und enden ihr Leiden —
So rede und schwöre!

Nelusko.
Nun wohl, ich schwöre hier vor euch,
Daß sie — ihn liebet — und daß sie — sein Weib!

Alle.
Sie sein Weib!
Ruhm und Ehre, glücklich Paar!
Mögt Ihr im Glück lange uns regieren.

Nelusko.
Der Himmel möge richten,
Sein Donner mich vernichten,
Doch jener Schändliche, der sie geraubt,
Er sei vernichtet gleich mit mir!

Oberpriester.
Höret! Hör', o Volk, meine Stimme!
Die Götter Hindostans, deren Gesetze wir halten,
Wollen, daß jedes Band, in fremdem Land geschlossen,
Hier vor unseren Altären erst werde geheiligt.

Selika
                    Fürchte nichts!
          Oberpriester.
Bevor die Feier wir beginnen, rufet an
Die mächtigen Götter, daß zur heil'gen Dreiheit nun steigen
Empor die drei geweihten Hymnen,
Die Brahma's Hand in diese Wand gegraben.
Volk, falle auf die Knie!
Brahma! Wischnu! Schiwa! Ehre euch!
Empfangt zuerst den gottgeweihten Trank,
Vom Feuerstrahl durchglüht der mächt'gen Sonne;
Dem Gott der Liebe, spendet Brahma Dank,
Der ihm verlieh des Daseins höchste Wonne.
In eure Adern gießt der heil'ge Saft
Die heiße Gluth, ein ewig junges Sehnen,
Daß Herz an Herz mit Götterkraft,
Untrennbar sei vereint in Lust und Thränen.
Betet leise jetzt. Ihr folget zum Altar,
Der Götter Dreiheit bringt die Opfer dar!
Brahma! Wischnu! Schiwa! Ehre euch!

              Selika.
Das Schiff Don Pedro's liegt drunten im Meer
              Vasco.
Das weiß ich!
              Selika.
Und die Gefährten alle fielen als Opfer —

Basco.
Weiß es wohl!

Selika.
Doch von hier kann man Dein Fahrzeug noch erblicken.
Wo Deine Freunde, die Du zurück dort ließest, Dein harren

Basco.
Weiß es wohl!

Selika.
Dies Band, zu welchem nur Dein Wohl mich hat gezwungen,
O Vasco, ohne Schrecken kannst Du Dich ihm weih'n,
Unser Schwur am Altar bindet mich nur allein.
Doch der Fürstin Gemahl ist frei und darf befehlen,
Er kann morgen, ja vielleicht heut Abend,
Wenn er auf leichtem Boot zu seinen Freunden flieht,
Verlassen dieses Land, das er hat entdeckt — und besiegt.

Oberpriester und Chor.
Brahma, Wischnu, Schiwa, Ehre Euch!

Basco.
Wie ist mir? Was durchströmt so plötzlich meine Brust?
Enthoben jedem Schmerz, kaum meiner selbst bewußt,
So wogt vor trunk'nem Blick ein Meer von Purpurfluth,
Und tiefes Sehnen faßt mein Herz mit wilder Gluth.

Nr. 23. Duett.

Selika.
So fliehe weit von uns, bedeckt mit Deinem Ruhme,
Und das Unglück lasse mir.

Vasco.
Wie, das Unglück, Königin Dir?

Selika.
Ach, Du begreifest nicht der Liebe bitt'res Leid,
Und daß man stirbt am gebrochenen Herzen.

Vasco.
Was hör' ich? Wie konnte ich bis heute Dich verkennen,
Welcher Schleier verbarg Dich mir?

Selika.
Welcher Schleier? Die Verachtung!

Vasco.
O schweig' Du sprichst im Wahn! Kein Weib jemals im
       Leben
Konnte durch der Schönheit Reiz mich so hoch erheben;
Dein Aug' so feurig klar, so glühend heiß und rein,
Ach, wie der Sonne Brand strahlt es ins Herz hinein.
Wie, Dich sollt' ich lassen? Nimmermehr, nein, niemals!

Selika.
Hast Du vergessen denn, daß Du mich ihr verkauft,
Der Liebe Du gelobtest?

Vasco.
Ach, kränke so mich nicht, o Königin, sieh mich zu Füßen Dir,
O Selika, Dein Gatte fleht: Verzeihe mir!

Selika.
Du, Gatte mir, — Ach!
  Was noch kann die Erde geben,

Was bieten alle Himmel mir,
Fühl' Dein Herz an meinem beben,
Seh' im Aug' die Thräne Dir.

Vasco.

Das Paradies wird uns auf Erden,
Füllt Liebe so ganz unsre Brust.

Selika.

Ach, laß' dem Staube mich entschweben.

Beide.

In Deinem Kuß wird Tod zum Leben.

Vasco.

Dir, o Selika, weih' ich ganz meine Seele.

Selika.

Was spricht Dein Mund? Dies Wort, es brennt,
Es verwirrt meine Sinne.

Vasco.

Vor Deinem Gott und vor dem meinen sei mir Gattin!

Selika.

Dir Gattin?
Doch bedenk' es wohl, Dein Weib will ohne Schranken
Deine Liebe, selbst Deine Gedanken,
Voll Eifersucht blickt es auch selbst auf die,
Die nicht am Leben mehr; vergessen mußt Du sie,
Kannst Du mir das versprechen?

Vasco.

Alles vergeß' ich, Selika, bin ich bei Dir!

Selika.

Das gelobst Du?

Vasco.
Ich gelob' es!

Selika.
Vor Deinem Gott!

Vasco.
Vor meinem Gott!

Selika.
Nur mein! Ewiglich!

Vasco.
Nur Dein! Ewiglich!

Beide.
Was noch kann die Erde geben,
Was bieten alle Himmel mir,
Fühl' Dein Herz an meinem beben,
Seh' im Aug' die Thräne Dir.
Das Paradies wird uns auf Erden,
Füllt Liebe so ganz unsere Brust,
In Deinem Kuß wird Tod zum Leben!
O Seligkeit! o Glück!

Nr. 24. Finale.

Oberpriester.
Allmächtige Dreieinigkeit! Dein Zorn straft den Meineid,
Hör' unser Fleh'n für dieses Paar,
Seid nun vereint auf immerdar!

Alle.

Seid nun vereint auf immerdar!

Chor.

Ihr leichten Schleier,
Verbergt das Feuer,
Das heute strahlet
In ihrem Blick.
Verhüllt die Lust,
Die heute schwellt die Brust.
Mög' sich erfüllen
Der Götter Willen,
Ihr blüh' im Stillen
Das höchste Glück.

Ines und Chor.

Leb' wohl, Dich soll ich meiden,
Du schöne, reiche Welt,
Leb' wohl denn, ich muß scheiden,
Leb' wohl!

Basco.

Ha, welche Stimme? Ist es ein Zauber?
Dein treuer Schatten, o Ines, der von oben zu mir sendet
Ich, noch einen letzten Gruß?!

Chor.

Ihr leichten Schleier,
Verbergt das Feuer,

Das heute strahlet
In ihrem Blick.
Verhüllt die Lust,
Die heute schwellt die Brust
Mög' sich erfüllen
Der Götter Willen.
Ihr blüh' im Stillen
Das höchste Glück.

Fünfter Act.

Die Gärten der Königin.

―――――

Selika.
Gott, so ist es wahr! Wie, Vasco, er — von ihm ver-
rathen,
Von ihm betrogen! Undankbarer, hältst Du so Deinen Eid?

Ines.
O laß mich reden!

Selika.
Nein! Hab' ich auch mich erniedrigt,
Dennoch mein ist die Macht! Denk', es ist hier nicht mehr
Die Gattin, nein, die Königin, die beleidigte Königin,
Die vor Dir steht als Richter und die Rache fordert!

Ines.
Habt Mitleid mit ihm!

Selika.
Du wagst es also hier
Für ihn, der mich verrieth, mein Mitleid zu erwecken?
Ha, fürchte meinen Zorn, den kaum zurück ich halte!
Entfernet Alle Euch — Du bleibst hier.

Nr. 26. Duett.
Selika.
Eh' im Gefühl' der Rache ich an Dein Urtheil denke,
Komm näher, Sklavin, und antworte mir,
Durch welchen Verrath, durch welche List und Ränke
Kam der Falsche hierher zu Dir?
Ines.
Der Zufall nur ließ einander uns sehen.
Selika.
Er war bewegt und bebte; sprich, was ist geschehen?
Ines.
Er sagte mir, daß sein Schwur ihn fesselt ewiglich,
Daß er in Treue Dir ergeben,
Die allein gerettet sein Leben.
Selika.
Ha, und dennoch liebt' er nur Dich!
Ines.
Nein! Mag' Dein Herz verzeih'n, ihn nicht hassen;
Wie die Ehr' ihm gebot, hat er mich verlassen,
Und nicht mehr sieht er mich!
Selika.
Dennoch lieben wird er ewig Dich!
Ines.
Ist es das, was Du nennst Verbrechen,
Laß Deinen Zorn fallen auf mich,
Ja, dann magst Du Dich furchtbar rächen,
Auf den Knieen bitte ich Dich:
Mögest Du mein Urtheil sprechen!
Ist alles Glück uns dahin im Erdenleben,

Ist das Weh gar so groß
Und die Welt hoffnungslos —
Dann gieb mir den Tod!
    Wie? Ihr weint?
   Selika.
Ach, er muß sie lieben ewiglich!
   Ensemble.
   Selika.
Wer kennet, ach! den höchsten Schmerz?
Du armes Weib, nicht kann ich mich rächen!
Wie könnt' ich nennen wohl Verbrechen,
Wo gleich wie sie auch fühlt mein Herz.
   Ines.
Ihr kennet nun den höchsten Schmerz,
Ich sagt' es wohl, das ist mein Verbrechen,
Gebt mir den Tod, Ihr mögt Euch rächen,
Und danken wird Euch dieses Herz.
   Selika.
So willst Du den Tod, weil die Liebe entschwand?
   Ines.
Ach, ich fühl', wie die Lieb' und der Haß in mir ringen
   Selika.
Es erfaßt Dich, wie eine Eisenhand?
   Ines.
Da martert das Herz, als sollt' es zerspringen.
   Ensemble.
   Selika.
Wer kennet, ach, den höchsten Schmerz?
Du armes Weib nicht kann ich mich rächen.

Wie kann ich nennen wohl Verbrechen,
Wo gleich wie sie auch fühlt mein Herz?
Ines.
Ihr kennet nun den höchsten Schmerz,
Ich sagt es wohl, das ist mein Verbrechen.
Gebt mir den Tod, Ihr mög't Euch rächen,
Und danken wird Euch dieses Herz.
Ines.
Nun wohl! Räche Dich, gieb uns Beiden den Tod!
Selika.
Tödten ihn? Ich, die Freundin, die gegeben
Um glücklich ihn zu seh'n, mit Freuden auch mein Leben!
Und wie? Wenn für sein Heil ich vermöchte ihn zu flieh
Ines.
Doch stieß' ich ihn zurück, denn er ist Gatte Dir,
Es trennt bei uns der Tod solch' heil'ges Band allein.
Selika.
So muß er stets sie ersehnen?! O grenzenloses Elend,
Weh mir!
Selika. Ines.
Wie kann ich entrinnen,
Den Schmerzen da drinnen,
Was soll ich beginnen?
Rathlos schwanke ich.
Gott, nur Du kannst retten!
O zerbrich die Ketten
Und erleuchte mich!

Selika

Führt diese Frau hinweg! Und nun, ferne von hier
Bringst Vasco Du!

Nelusko.

Zu Ines?

Selika.

Ja, so gescheh's!
Du führst sie beide auf jenes Schiff sogleich,
Das man im Meere noch erblickt. Und dann —
Hör' wohl mich an: Sobald Vasco am Bord, dann bringe ihm
Mein letztes Lebewohl; doch nicht eher —
Du verstehst!

Nelusko.

Alles, was Du begehrst, will ich getreu vollziehen;
Dieser glückliche Tag endet all' meine Qual,
O Königin, er giebt zurück Dir Macht und Ehren.

Selika.

Und dann, sobald Du siehst, wie das Schiff
Auf immerdar vom Ufer sich entfernt,
Dann gleich erwart' ich Dich an der Spitze
Des Cap, auf jenem Vorgebirge, welches beherrschet
Das Meer!

Nelusko.

O, nahet Euch ihm nicht!
Dort steht, o denkt daran, mit seinem mächt'gen Schatten
Der Manzanillo-Baum; er giebt den sichern Tod.

Selika.

Weiß es wohl!

Nelusko.

Weh' dem, der sich ihm naht,
Seinem süßen Duft, den die Blüthen spenden!
Zuerst wohl glaubt er sich in himmlischen Regionen,
O, trügerisches Bild, gefährlich böser Traum,
Der zum Wahnsinn ihn führt und vom Wahnsinn zum Tod

Selika.

Weiß es wohl! Doch von dort übersieht man das Meer,
Und das ist's, was ich will!

Verwandlung.
Nr. 27.

Selika.

Von hier seh' ich das Meer, unendlich — und ohne Grenzen
    Dir gleich, du bitt'rer Schmerz!
Und die Woge so wild, die im Kampfe sich bricht,
    Weh' mir — ach! wie mein Herz!
Du Tempel, reich und herrlich, von Blättern aufgebauet,
Der seine Trauerzweige in dem Winde bewegt,
Der Hafen Du, den nach dem Sturm mein Aug' erschauet
Da keine Hoffnung meine Seele erregt,
Sei das Grab meinem Herzen, das bald nun nicht meh
    schlägt.
    Ich haßte nur im Leiden,
    Nun geht mein Herz zur Ruh',
    Vergebung sei mein Scheiden,
    Leb' wohl, Geliebter Du,
    Leb' wohl!
Blumen schön und so roth, Euch seh' ich mit Entzücken,
Ihr sollt den Busen der jungen Gattin schmücken,
Zu dieser Feier seid ihr der bräutliche Kranz!
Man sagt, ihr süßer Duft verleiht ein gräßlich Glück;

Die Seele sieht das Himmelreich, wo sie der Engel Chören lauschet,
Dann folgt der lange Schlaf, der befreit von Qual und Noth,
Liebe, wie Du, die erst berauschet,
Und die zu bald uns giebt den Tod!
Ja, Wahrheit ist's! Schon fühl' ich — Bewußtsein entrinnet —
Welch' ein Wahn, ach! so süß — ha, der Zauber beginnt!
Welche Sphärenmusik!
O dieser Zauber — und welch' ein Glanz —
Es öffnet sich des Himmels gold'nes Thor,
Brahma im Strahlenkleide tritt aus Sonnen hervor!
Er ist's, die Allmacht selber,
Nimmt in sein Reich mich auf!

  Von Wolken nur getragen,
  Seh' ich einen Wagen,
  Zieht ein Schwan so weiß und schön,
  Die Houris ihn umgeben,
  Tanzen lächelnd schweben
  Mit ihm auf zu lichten Höh'n.
  Kommt Er in ros'gem Schimmer,
  Liebt er mich doch noch immer,
  Die nie sein vergißt;
  O Gott, ihn zu erblicken,
  Brich Herz nicht vor Entzücken!
  Er naht, mein Vasco ist's!
  Jetzt hat der Wolkenwagen
  Ihn gleich zu mir getragen,
  Ja — jetzt ist er da — mir zu Füßen —
  Steiget wieder —
  Immer höher — und noch höher —
  Ach —

      Er ist da!

  Nelusko.

Nun sind sie fort!

Selika.
Ach, gebt den Himmel mir zurück!
Nelusko.
Selika, flieh' diesen Ort, o meine junge Herrin,
Beim Gesang der schwarzen Geister
Und berauscht von den Blumen schläfst Du ein!
Wie, Du willst sterben? Unglücksel'ge Königin!
Theure Undankbare, Du siehst meine Thränen,
Dir ewig treu, im Unglück noch
Will ich, Dein armer Sklave, hier sterben bei Dir!
Selika.
Fliehe, Nelusko! Daß Dein Herz mich nicht hasse —
Wenn sterben ich gewollt — und wenn ich Dich verlasse —
Nelusko.
Wie kalt ist Deine Hand — Kalt wie Eis —
Himmel hilf — das ist der Tod!
Selika.
Nein — das ist — höchstes Glück!
Nr. 28.
Unsichtbarer Chor.
In der Liebe ew'gem Reich
Sind Alle, Alle gleich!